Pungent Proverbs
Freche Sprüche in fünf Sprachen

Pungent Proverbs

Freche Sprüche in fünf Sprachen

Englisch, Deutsch, Französisch, Spanisch, Italienisch

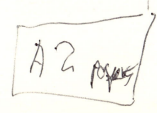

Anaconda

Titel der Originalausgabe: *The Panton Book of Pungent Proverbs*
Copyright © Panton 1982
Illustrations by Silvia Mondini © Panton 1982
Überarbeitete Lizenzausgabe mit freundlicher Genehmigung.

Die Deutsche Bibliothek verzeichnet diese Publikation in der
Deutschen Nationalbibliografie; detaillierte bibliografische Daten
sind im Internet unter http://dnb.ddb.de abrufbar.

© 2012 Anaconda Verlag GmbH, Köln
Alle Rechte vorbehalten.
Umschlaggestaltung: dyadesign, Düsseldorf, www.dya.de
Umschlagmotiv: Ermanno Samsa © Panton 1982
Satz und Layout: paquémedia, www.paque.de
Printed in Czech Republic 2012
ISBN 978-3-86647-733-9
www.anacondaverlag.de
info@anacondaverlag.de

Introduction

Human experience of one kind or another lies at the origin of most proverbs. It is, we are told, "the mother of wisdom", the potted wisdom of Man since first he became articulate. There is an old Russian proverb which says: "The horses of hope gallop, but the asses of wisdom go slowly". Not, of course, when they have a pack of wolves at their heels, unless we are to believe that "more haste, less speed" is invariably true, which it isn't, since "those who hesitate are lost", even asses. Reverse that advice and what are we told? "Look before you leap", a warning uttered in solemn tones by prudent fathers to unheeding youngsters. Strange how proverbs contradict one another, but that is the way of life. We live in a world of contradictions, and it is in finding our way through the cross-currents that we learn that men are "as different as chalk from cheese" in spite of the Italian reminder that "people are the same the whole world over".

One thing I have noticed about proverbs is that they frequently spring from familiar situations of the kind that lend themselves to graphic representation. Silvia Mondini has made good use of this in her drawings, many of which are full of the humour and satire beloved by caricaturists. Abstract sayings like "knowledge is power" and "prevention is better than cure" are ponderous and best left alone. To depict Pope's famous line "the proper study of mankind is man" would be tedious and the result anything but pungent. Yet in those seven words Pope recommended a subject that gains much in depth and interest from a study of proverbs.

This book of "Pungent Proverbs" is meant to entertain, to introduce the reader to the vast store of popular sayings. Here one can delve into the rich loam of common sense which has helped to bring Man back to the path of reason and san ever since he began to reflect on the nature of the world and his existence.

The Bible contains many heartening reminders that proverbs were in common use even before the time of Christ. "The spirit is willing, but the flesh is weak", Christ said to Peter in the Garden of Gethsemane. "Spare the rod and spoil the child", comes, most appropriately, from the Book of Proverbs. For the assurance that "no man can serve two masters" and that "the labourer is worthy of his hire" we must, however, turn to the New Testament: to St Matthew for "by their fruits ye shall know them". Some of these sacred chestnuts could well be illustrated. Not all, though, for they belong to a tradition that demands reverence. They are rubies on the thread of life and, as such, they deserve respect.

It is the more homely type of proverb and saying that our artist has sought in her own way to interpret, the type that falls from the lips according to the circumstances of the moment. "Charity begins at home" is one, "as you make your bed, so you must lie on it" is another; or, again, "don't wash your dirty linen in public". They give force to our reactions to commonplace situations, pleasant and unpleasant. If, in our youth, we had heeded such words of elementary wisdom as "you cannot have your cake and eat it", or "you cannot burn the candle at both ends", our lives might have turned out very differently. But then, as people say, "you cannot put old heads on young shoulders".

There must, I am sure, be a proverb "to fit the bill" on almost every occasion. It may not always spring to mind , but that is itself a challenge to look for one: "nothing seek, nothing find" can be said with equal truth when looking for a proverb as when drilling for oil in the back garden. In Italian "chi cerca trova", which goes to show that people think alike, though they express themselves in varying degrees of emphasis in English, French, German, Spanish and Italian. That is perfectly understandable. What is less so is that although we are more closely knit than ever before, proverbs of modern idiom do not seem to find their way into these languages.

The trouble is that we no longer make them up, perhaps because life is too hectic to leave time for creating new aphorisms. Instead, we fall back on sayings like "it's useless to flog a dead horse" when the car won't start and we feel like kicking it. Cars, TV sets, videotapes, computers have not been with us long enough to win a place in the language of proverbs. There are plenty of slogans about consumer products, but no proverbs! They would not have the bouquet that goes with a mature adage, so we rely on the old ones. As our illustrations prove, it takes an artist to lift them from the past and put them into a modern setting.

Michael Langley

Es sind nicht alle heilig,
die in die Kirche gehen.

Tous ceux qui vont à l'église
ne sont pas des saints.

No todos los que
estudian son letrados.

Non son tutti santi quelli
che vanno in chiesa.

1

2 Ende gut, alles gut.

Bien está lo que bien acaba.

Tout est bien
qui finit bien.

Tutto è bene quel che
finisce bene.

Wie die Arbeit, so der Lohn.

Tel travail, tel salaire.

A tal trabajo, tal salario.

Tale il lavoro, tale il salario.

4 Man liegt, wie man sich bettet.

Comme on fait son lit, on se
couche.

Quien mala cama hace,
en ella yace.

Come uno si fa il letto,
così dorme.

Man muss viel fordern, um etwas zu bekommen.

Demande beaucoup pour avoir un peu.

Pide lo más, y algo te darán.

Chi vuole assai, non domandi poco.

5

Auf die inneren Werte kommt es an.

La beauté est éphémère.

Hermosura, al fin basura.

La bellezza è effimera.

Besser allein als in schlechter Gesellschaft.

Mieux vaut être seul qu'en mauvaise compagnie.

Mejor solo que mal acompañado.

Meglio soli che male accompagnati.

8   Lieber einen Spatz in der Hand
    als eine Taube auf dem Dach.

    Mieux vaut un oeuf aujourd'hui
    qu'une poule demain.

Mejor es huevo hoy que
pollo mañana.

Meglio un uovo oggi che
una gallina domani.

Besser ein kleiner Fisch als gar nichts auf dem Tisch.

Faute de grives, on mange des merles.

A falta de pan, buenas son tortas.

Meglio poco che niente.

10 Besser arm in Ehren als reich
in Schanden.

Más vale honra sin barcos
que barcos sin honra.

Mieux vaut aller au paradis en
haillons qu'en enfer en habit
20 de dentelle.

Meglio povertà onorata
che ricchezza svergognata.

Lieber spät als nie.

Mieux vaut tard que jamais.

Más vale tarde que nunca.

Meglio tardi che mai.

Gleich und gleich gesellt sich gern.

Qui se ressemble s'assemble.

Cada oveja con su pareja.

I simili vanno con i simili.

12

Geschäft ist Geschäft.

Les affaires sont les affaires.

El negocio es el negocio.

Gli affari sono affari.

13

Müßiggang ist aller Laster Anfang.

Qui ne fait rien fait mal.

Muchos males engendra la ociosidad.

L'ozio è il padre dei vizi.

14

15

Keiner ist vor seinem Tod glücklich zu preisen.

Nul avant sa mort ne peut être dit heureux.

Nadie se alabe hasta que acabe.

Nessuno può dirsi felice a questo mondo.

Übertriebene Fürsorge
schadet nur.

Les soucis font blanchir les
cheveux de bonne heure.

Quien se apura, su
muerte apresura.

Le preoccupazioni fanno
venire i capelli bianchi.

16

17 Auch ein König ist nur ein Mensch.

El perro puede mirar al rey.

Un chien regarde bien un évêque.

Anche un gatto può guardare un re.

Wohltun beginnt zu Hause.

Charité bien ordonnée
commence par soi-même.

La caridad bien
entendida empieza por
uno mismo.

La prima carità comincia
da se stessi.

19   Wie die Alten sungen, so
zwitschern auch die Jungen.

Lo que el niño oyó en el
hogar, eso dice en el
portal.

Ce que l'enfant entend au
foyer est bientôt connu
jusqu'au moustier.

I bambini ripetono ciò che
hanno sentito in casa.

Kalte Hände, warmes Herz.

Manos frías,
corazón caliente.

A main froide, coeur chaud.

Mani fredde,
cuore caldo.

20

21 Jeder Vergleich hinkt.

Toda comparación
es odiosa.

Comparaison n'est pas raison.

I confronti sono odiosi.

Jeder Krämer lobt seine Ware.

Chacun loue son oeuvre.

Cada ollero su olla alaba. 22

Ognuno loda il suo operato.

23 Die Augen sind oft größer
als der Magen.

Il a les yeux plus grands que
le ventre.

Se llena antes el papo
que el ojo.

Ha gli occhi più grandi
della bocca.

Vertraulichkeit schadet
dem Respekt.

La familiarité engendre
le mépris.

La familiaridad es causa
de menosprecio.

Troppa confidenza toglie
riverenza.

25 Feuer und Wasser sind zwei gute Diener, aber zwei schlimme Herren.

El fuego y el agua son buenos servidores pero ruines amos.

38 Le feu et l'eau sont bons serviteurs mais mauvais maîtres.

Il fuoco e l'acqua son buoni servitori, ma cattivi padroni.

Wer zuerst kommt,
mahlt zuerst.

Premier arrivé,
premier servi.

El primer venido,
primer servido.

Chi tardi arriva,
male alloggia.

27   Ein Narr und sein Geld sind
nicht lange Freund' in der Welt.

Le fou et son argent sont
bientôt séparés.

El tonto y su dinero son
pronto separados.

Il pazzo e il suo denaro
son presto separati.

Vier Augen sehen mehr
als zwei.

Quatre yeux voient mieux
que deux.

Cuatro ojos ven más
que dos.

Quattro occhi vedono
più di due.

28

41

Kleider machen Leute.

L'habit fait l'homme.

El hábito no hace al monje.

L'abito fa il monaco.

29

Gott schuf die Natur,
der Mensch die Städte.

Dieu fit la campagne,
l'homme fit la ville.

Dios hizo el campo y el
hombre la ciudad.

Dio fece la campagna,
l'uomo fece la città.

31 Ein williges Pferd soll man
    nicht spornen.

    Bon cheval n'a pas besoin
    d'éperon.

Caballo que vuela,
no quiere espuelas.

Caval che corre non ha
bisogno di sprone.

In der Abwechslung liegt
das Vergnügen.

Diversité réjouit.

En la variedad está
el gusto.

Il piacere sta nella
varietà.

Gewohnheiten gehen in Fleisch und Blut über.

L'habitude est une seconde nature.

La costumbre es otra naturaleza.

L'abitudine è una seconda natura.

Blinder Eifer schadet nur.

Cosa hecha aprisa,
cosa de risa.

34

Trop presser nuit.

Troppa fretta nuoce.

35   Gesundheit ist das
höchste Gut.

Santé passe richesse.

Primero es la salud
que el dinero.

La salute val più
della ricchezza.

Er steht mit einem
Fuß im Grab.

Il a un pied dans la tombe.

Está con un pie en
la sepultura.

Ha un piede nella fossa.

38

39   Er führt mich an der
Nase herum.

Il me mène par le bout
du nez.

Me tiene agarrado por
las narices.

Mi sta menando per
il naso.

Er sitzt wie auf Kohlen.

Il est sur des épines.

Está sobre espinas.

Sta sulle spine.

41 Er hat mir einen Floh ins
    Ohr gesetzt.

    Il m'a mis la puce à l'oreille.

    Me ha echado la pulga
    detrás de la oreja.

    Mi ha messo la pulce
    nell'orecchio.

Er hat sich auf französisch empfohlen.

Il a filé à l'anglaise.

Se despide a la francesa.

Se n'è andato all'inglese.

42

43 Wer Unnötiges kauft, muss bald Notwendiges verkaufen.

Qui achète ce dont il n'a pas besoin devra vendre ce qu'il ne voudrait pas.

Quien compra lo que no puede, vende lo que le duele.

Chi compra il superfluo, venderà il necessario.

60

Legst du dich mit Hunden
schlafen, so stehst du mit
Flöhen auf.

Qui se couche avec des chiens se
lève avec des puces.

Quien con perros se
acuesta, con pulgas se
levanta.

Chi va a letto con i cani,
si leva con le pulci.

44

61

45

Wer des Geldes wegen freit, der bereut's nach kurzer Zeit.

En épousant sa femme pour son argent, il a vendu sa liberté.

En casa de mujer rica, ella manda y ella grita.

Dove entra dote, esce libertà.

Wer sich entschuldigt,
klagt sich an.

Qui s'excuse, s'accuse.

Quien se excusa,
se acusa.

Chi si scusa, si accusa.

46

47   Wer sucht, der findet.   Quien busca, halla.

      Qui cherche, trouve.   Chi cerca, trova.

Reisen bildet.

On s'instruit en voyageant.

Viajando se instruye la gente.

Chi viaggia, si istruisce.

49 Ehrlich währt am längsten.

La honradez es el mejor capital.

L'honnêteté est le meilleur des guides.

L'onestà è la miglior moneta.

Man sieht am Hause, wes Sinnes
der Herr ist.

La maison fait connaître
le maître.

Por la casa se conoce
al dueño.

Dalla casa si conosce
il padrone.

50

51   Hunger ist der beste Koch.

Il n'est sauce que d'appétit.

A buen hambre no hay pan duro.

La fame è il miglior cuoco.

Wer Frieden haben will,
muss zum Krieg rüsten.

Si tu veux la paix, prépare
la guerre.

Si quieres la paz,
prepárate para la guerra.

Chi vuol la pace,
apparecchi la guerra.

52

53 Die Ansicht eines Weisen und den Rat eines Greisen soll man nicht von sich weisen.

Consejo, tómalo del hombre viejo.

Pour un conseil écoute l'homme âgé.

Chiedi consiglio a chi è vecchio.

Verkaufe nie die Haut des Bären, bevor du ihn erlegt hast.

Me reparto la piel del oso antes de cazarlo.

Il ne faut pas vendre la peau de l'ours avant de l'avoir tué.

Non vendere la pelle dell'orso prima d'averlo preso.

54

71

55   Im Wein liegt Wahrheit.

      La vérité est dans le vin.

En el vino está la verdad.

'In vino veritas' (lat.).

Geben ist seliger als nehmen.

Il y a plus de bonheur à donner qu'à recevoir.

Más bienaventurada cosa es dar que recibir.

Si prova più gioia a dare che a ricevere.

57 Sie streiten um des Kaisers Bart.   No es bueno pelear por
                                        un hueso.

    On ne se bat pas pour un os.   Non val la pena di litigare
                                        per un osso.

Schlafende Hunde soll man
nicht wecken.

Il ne faut pas réveiller le chat
qui dort.

No hay que buscar tres
pies al gato.

Non svegliare il can
che dorme.

58

59

Das Leben ist kurz, doch die Kunst überdauert.

La vie passe, l'art demeure.

El arte es largo y la vida breve.

La vita è breve, l'arte è lunga.

Wie der Vater, so der Sohn; wie die Mutter, so die Tochter.

Tel père, tel fils; telle mère, telle fille.

De tal palo, tal astilla.

Tale il padre, tale il figlio; tale la madre, tale la figlia.

60

61   Wie der Herr, so das Gescherr.   A tal dama, tal criada.

A telle dame, telle chambrière.   Tale la padrona, tale la serva.

Man lebt nicht, um zu essen,
man isst, um zu leben.

Il faut manger pour vivre et
non pas vivre pour manger.

No hay que vivir para comer, **62**
sino comer para vivir.

Si deve mangiare per vivere,
non vivere per mangiare.

63 Vorm Beginnen sich besinnen
macht gewinnen.

Mirar antes de saltar.

Il faut y regarder à deux fois
avant de sauter.

Bisogna pensarci prima
per non pentirsi poi.

Wer die Kirschen will, muss auch die Steine nehmen.

Qui m'aime, aime mon chien.

Quien quiere a Beltrán, quiere a su can.

Chi ama me, ama il mio cane.

64

65   Liebe Deinen Nachbarn, aber
       reiß den Zaun nicht ein.

       Aimez votre voisin, mais ne
       coupez pas votre haie.

       Ama tu vecino pero no
       deshagas tu seto.

       Vicinanza senza siepe
       porta inimicizia in casa.

Geld kommt zu Geld.

L'argent appelle l'argent.

Dinero llama a dinero.

I soldi chiamano soldi.

68

Geld ist die Wurzel allen Übels.

La avaricia es la raíz de todos los males.

L'avarice est la source de tous les maux.

L'avarizia è la radice di tutti i mali.

69

87

Geld regiert die Welt.

El dinero abre todas las puertas.

L'argent ouvre toutes les portes.

Il denaro apre tutte le porte.

70

89

Eile mit Weile.

Vísteme despacio, que
tengo prisa.

Trop grande hâte est cause
de retard.

La troppa fretta spesso
causa ritardo.

72   Ungefangene Fische kann man nicht braten.

Pour faire un civet, il faut tuer un lièvre.

No le llames grano hasta que no esté encerrado.

Non dire quattro se non l'hai nel sacco.

Was du heute kannst besorgen,
das verschiebe nicht auf morgen.

Ne remets jamais à demain ce
que tu peux faire aujourd'hui.

No dejes para mañana lo
que puedes hacer hoy.

Non rimandare a domani
quel che potresti fare oggi.

73

93

74   Einem nackten Mann kann man nicht in die Tasche greifen.

Desnudo nací, desnudo me hallo, ni pierdo ni gano.

On ne peut pas voler un homme nu.

94

Cento ladri non possono spogliare un uomo nudo.

Man ist nie zu alt zum Lernen.

On n'est jamais trop vieux pour apprendre.

Nunca es tarde para aprender.

Non si è mai troppo vecchi per imparare.

Neue Besen kehren gut.

Rien ne vaut un balai neuf.

Escoba nueva barre bien.

Scopa nuova scopa bene.

76

77   Kommt Zeit, kommt Rat.   La noche trae consejo.

La nuit porte conseil.   La notte porta consiglio.

	78
Keine Nachricht, gute Nachricht.	Ninguna nueva, buenas nuevas.
Pas de nouvelles, bonnes nouvelles.	Nessuna nuova, buona nuova.

79   Keine Rose ohne Dornen.   No hay rosa sin espinas.

Il n'y a pas de roses sans épines.   Non c'è rosa senza spine.

Keiner ist so blind wie derjenige, der nicht sehen will.

Il n'est pire aveugle que celui qui ne veut pas voir.

No hay peor ciego que el que no quiere ver.

Non c'è peggior cieco di chi non vuol vedere.

80

101

81 Keiner ist so taub, wie derjenige, No hay peor sordo que el
    der nicht hören will.   que no quiere oír.

    Il n'est pire sourd que celui qui Non c'è peggior sordo di
    ne veut pas entendre.   chi non vuol sentire.

Alte Liebe rostet nicht.

On revient toujours à ses premières amours.

El primer amor es el último en olvidarse.

Il primo amore non si scorda mai.

83   Die Alten werden wieder Kinder.   La vejez tornó por los
                                          días en que nació.

     Vieillir c'est redevenir enfant.   I vecchi son due
                                          volte fanciulli.

Wo gehobelt wird,
da fallen Späne.

No se hacen tortillas
sin huevos.

On ne fait pas d'omelette sans
casser des oeufs.

Non si fanno frittate
senza rompere uova.

84

105

85 Eine Hand wäscht die andere.

Un service en vaut un autre.

Un favor se paga con otro.

A un favore si risponde con un altro favore.

Schmutzige Wäsche wäscht man nicht in der Öffentlichkeit.

Il faut laver son linge sale en famille.

Los trapos sucios se lavan en casa.

I panni sporchi si lavano in casa.

86

87 Die einen säen, und die anderen ernten.

Hay quien siembra y quien cosecha.

L'un sème, l'autre récolte.

C'è chi semina e c'è chi raccoglie.

Eine Schwalbe macht noch
keinen Sommer.

Une hirondelle ne fait pas le
printemps.

Una golondrina no hace
verano.

Una rondine non fa
primavera.

88

89   Gelegenheit macht Diebe.

La ocasión hace
al ladrón.

L'occasion fait le larron.

L'occasione fa
l'uomo ladro.

Andere Zeiten,
andere Sitten.

A otros tiempos,
otras costumbres.

Autres temps,
autres moeurs.

Altri tempi,
altri costumi.

90

Aus den Augen, aus dem Sinn.

Loin des yeux, loin du coeur.

Ojos que no ven, corazón que no siente.

Lontano dagli occhi, lontano dal cuore.

91

92   Die Schulden wachsen ihm   Deber a todo el mundo.
        über den Kopf.

        Il a des dettes par-dessus la tête.   Ha debiti fin sopra
                                             i capelli.

Beharrlichkeit führt zum Ziel.

La patience vient à bout de tout.

Con la paciencia todo se alcanza.

Con la pazienza si ottiene tutto.

93

94   Arzt, hilf dir selbst.

Médico, cúrate a
ti mismo.

Médecin, guéris-toi toi-même.

Medico, cura te stesso.

Übung macht den Meister.

C'est en forgeant qu'on devient forgeron.

El ejercicio hace maestro.

È con l'esercizio che si diventa maestri.

95

96 Vorbeugen ist besser als heilen.

Prévenir vaut mieux que guérir.

Más vale prevenir que curar.

Meglio prevenire che curare.

Die Ratten verlassen
das sinkende Schiff.

Les rats quittent le navire
qui coule.

Las ratas abandonan el
barco que se hunde.

I topi abbandonano la
nave che affonda.

97

98 Alte Bäume soll man nicht verpflanzen.

Le vieil arbre transplanté meurt.

Viejas plantas traspuestas, ni crecen ni medran.

Trapianta un albero vecchio, e lo vedrai morire.

Hilfst du mir, so helf ich dir.

Passez-moi la casse, je vous passerai le séné.

Hoy por tí, mañana por mí.

Io dò una mano a te, tu dai una mano a me.

99

121

100

Erst wägen,
dann wagen.

La deuxième idée est
la meilleure.

Los segundos pensamientos
son los mejores.

La seconda idea è sempre
la migliore.

Was die Augen sehen,
das glaubt das Herz.

Ver es creer.

101

Voir c'est croire.

Quel che l'occhio vede,
il cuore crede.

102

Der Schuster trägt die
schlechtesten Schuhe.

Les cordonniers sont toujours
les plus mal chaussés.

En casa del herrero,
cuchara de palo.

Il calzolaio ha le scarpe
rotte.

Wer schweigt, stimmt zu.

Qui ne dit mot, consent.

Quien calla, otorga.

Chi tace, acconsente.

103

104 Ohne Fleiß kein Preis.

A renard endormi rien
ne tombe dans la gueule.

A la vulpeja dormida no
le cae nada en la boca.

Chi dorme,
non piglia pesci.

126

Reden ist Silber,
Schweigen ist Gold.

La parole est d'argent,
le silence est d'or.

La palabra es de plata,
el silencio es de oro.

La parola è d'argento,
il silenzio è d'oro.

105

106   Man muss das Eisen schmieden,
solange es heiß ist.

Al hierro caliente,
batir de repente.

Il faut battre le fer pendant qu'il
est chaud.

Bisogna battere il ferro
finché è caldo.

Jeder kehre vor der eigenen Tür.

Que chacun balaie devant
sa porte.

Cada cual en su casa y
Dios en la de todos.

Non ficcare il naso negli
affari altrui.

107

108 Über Geschmack lässt sich nicht streiten.

Chacun ses goûts.

Sobre gustos no hay nada escrito.

Ognuno ha i suoi gusti.

Zeig mir deine Freunde, und ich sage dir, wer du bist.

Dis-moi qui tu hantes et je te dirai qui tu es.

Dime con quien andas y te diré quien eres.

Dimmi con chi vai, e ti dirò chi sei.

Überall gibt es
schwarze Schafe.

En cada rebaño hay una
oveja descarriada.

Chaque troupeau a sa
brebis galeuse.

In ogni gregge c'è una
pecora nera.

Auch Geduld hat Grenzen.

La patience a des limites.

La paciencia tiene
un límite.

Anche la pazienza ha
un limite.

111

133

112   Alles ist schon einmal
da gewesen.

No hay nada que no esté
ya dicho.

Tout a déjà été dit.

Non c'è niente che non
sia già stato detto.

Reden hat seine Zeit, und
Schweigen hat seine Zeit.

Il y a un temps pour parler et
un temps pour se taire.

Hay un tiempo para hablar
y un tiempo para callar.

C'è un tempo per parlare e
un tempo per tacere.

113

135

Wer bringt,
ist überall willkommen.

Bienvenu qui apporte.

Los dones cautivan hasta **114**
a los dioses.

Chi porta, è sempre
il benvenuto. 137

Viele Köche verderben
den Brei.

Trop de cuisiniers gâtent
le potage.

Muchos componedores
descomponen la novia.

Troppi cuochi rovinano
la minestra.

115

139

116 Einigkeit macht stark.

L'union fait la force.

La unión hace la fuerza.

L'unione fa la forza.

Wände haben Ohren.

Les murs ont des oreilles.

Las paredes oyen.

I muri hanno orecchi.

117

Man muss die Menschen
nehmen, wie sie sind.

Il faut laisser aller le monde
comme il va.

Tomemos las cosas
como vienen.

Bisogna prendere il
mondo come viene.

118

143

119 Frisch begonnen ist
halb gewonnen.

Un travail bien commencé
est déjà à moitié fait.

Quien bien empieza,
bien acaba.

Chi ben comincia,
è a metà dell'opra.

Rat nach der Tat
kommt zu spät.

A parti pris,
point de conseil.

Hecho el hecho,
huelga el consejo.

Dopo il fatto,
il consiglio non vale.

120

121

Andere Länder,
andere Sitten.

Quand tu seras à Rome,
agis comme les Romains.

Cuando a Roma fueres,
haz como vieres.

Quando a Roma andrai,
fa' come vedrai.

Wenn die Not an die Tür
klopft, springt die Liebe
aus dem Fenster.

Quand la pauvreté frappe
à la porte, l'amour s'en va par
la fenêtre.

Cuando el hambre entra
por la puerta, el amor
huye por la ventana.

Quando la fame entra
dalla porta, l'amore se ne
va dalla finestra.

123 Wenn die Katze aus dem Haus ist, tanzen die Mäuse auf dem Tisch.

Cuando el gato no está, los ratones bailan.

Quand le chat n'est pas là, les souris dansent.

Quando non c'è il gatto, i topi ballano.

Wo ein Wille ist,
ist auch ein Weg.

Querer es poder.

Vouloir c'est pouvoir.

Volere è potere.

Heiraten ist gut,
ledig bleiben ist besser.

El que se casa hace bien,
y el que no se casa hace
mejor.

125

Celui qui se marie fait bien, celui
qui ne se marie pas fait mieux.

Chi si sposa fa bene, chi
non si sposa fa meglio.

151

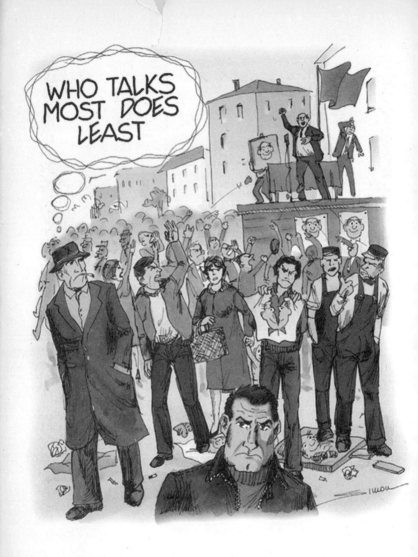

126 Hunde, die bellen,
beißen nicht.

Les grands diseurs ne sont pas
les grands faiseurs.

Perro ladrador,
poco mordedor.

Chi parla molto,
agisce poco.

152

Ein Wolf im Schafspelz.

Le loup qui s'est fait agneau.

Un lobo con piel de oveja.

127

Un lupo travestito da agnello.

Index

Everyone has a sprinkling of proverbs at the back of their mind, but not everyone can bring out the right one at the right moment. What, for instance, do good parents say to children who are unwilling to do their homework? *Never put off till tomorrow what can be done today.*

"Today" and "tomorrow" are among the key words which appear in this index, together with the relevant number to find a proverb that very child – and grown-up – should know. But "today" and "tomorrow" also come into saying: *Better an egg today than a hen tomorrow.* For this reason they have more than one page reference, and so does "egg", with the reminder that *omelets are not made without breaking eggs*, in other words you sometimes have to sacrifice one thing in order to achieve your aim.

As a further backup to the reader Peter Panton together with Francesca Costa have conducted research to provide a brief explanation, exegesis and origin of each proverb, to satisfy those of you who are particularly interested in philology. There you can find out that *Walls have ears* is said because in the Louvre, in the time of Catherine de' Medici (1519-1598), rooms were constructed in a way that allowed one to hear everything from neighbouring rooms, and that the Shakespearean alternative to *Comparisons are odious* is the witty *Comparisons are odorous*!

And what if one has the feeling that there must be a saying to suit a given situation but cannot think of the significant word? In that event we suggest that you look through the index until you come to a word that jogs your memory and then turn to it. You can do so in English, French, German,

Spanish and Italian, and if that does not provide you with the proverb you want, we ask for your forgiveness. The indexes list 127 proverbs under their key words, whatever part of speech they are: as our artist Silvia Mondini said, *"enough is as good as a feast"*.

English

accuse He who excuses himself, accuses himself. 46

advice If you wish good advice, consult an old man. 53

advice When a thing is done, advice comes too late. 120

alone Better alone than in bad company. 7

armed He's armed to the teeth! 37

art Life is short, but art lives on. 59

ask Ask much to have a little. 5

away When the cat is away the mice will play. 123

bad Better alone than in bad company. 7

bare-foot A shoemaker's wife goes bare-foot. 102

bear I'll sell the bear's skin before I've caught the bear. 54

beauty Beauty is skin-deep. 6

bed As you make your bed, so you must lie on it. 4

before There is nothing said which has not been said
before. 112

begin Well begun, is half done. 119

believe Seeing is believing. 101

belly The eye is bigger than the belly. 23

bird Birds of a feather flock together. 12

black There are black sheep in every flock. 110

blessed It is more blessed to give than to receive. 56

blind None so blind as those who won't see. 80

bone It's no use fighting over a bone. 57

break Omelets are not made without breaking eggs. 84

bring Those who bring are always welcome. 114

broom A new broom sweeps clean. 76

broth Every cook praises his own broth. 22

deaf None so deaf as those who won't hear. 81

death Remove an old tree, and it will wither to death. 98

debt Over head and ears in debt. 92

deserve One good turn deserves another. 85

die Call no man happy till he dies. 15

differ Tastes differ. 108

dirty One should not wash one's dirty linen in public. 86

dish Better are small fish than an empty dish. 9

do By doing nothing we do ill. 14

do Never put off till tomorrow what may be done today. 73

do Well begun, is half done. 119

do When a thing is done, advice comes too late. 120

do When in Rome do as the Romans do. 121

do Who talks most does least. 126

dog He that lies down with dogs must rise up with fleas. 44

dog Let sleeping dogs lie. 58

dog Love me, love my dog. 64

door Money opens all doors. 70

door Sweep before your own door. 107

door When poverty comes in at the door, love jumps out of the window. 122

draw Money draws money. 68

ear He's put a flea in my ear. 41

ear Over head and ears in debt. 92

ear Walls have ears. 117

eat Live not to eat, but eat to live. 62

egg Better an egg today than a hen tomorrow. 8

egg Omelets are not made without breaking eggs. 84

embroidery Better go to heaven in rags than hell in embroidery. 10

empty Better are small fish than an empty dish. 9

158

end All's well that ends well. 2

evil Money is the root of all evil. 69

excuse He who excuses himself, accuses himself. 46

eye The eye is bigger than the belly. 23

eye Four eyes see more than two. 28

familiarity Familiarity breeds contempt. 24

father Like father, like son; like mother, like daughter. 60

feather Birds of a feather flock together. 12

fight It's no use fighting over a bone. 57

find He who seeks will find. 47

find We must take the world as we find it. 118

fire Fire and water are good servants, but bad masters. 25

fireplace The child says nothing, but what he heard at the
               fireplace. 19

first First come, first served. 26

fish Better are small fish than an empty dish. 9

fish Never fry a fish till it's caught. 72

flea He's put a flea in my ear. 41

flea He that lies down with dogs must rise up with
        fleas. 44

flock (noun) There are black sheep in every flock. 110

flock (verb) Birds of a feather flock together. 12

fool A fool and his money are soon parted. 27

foot He has one foot in the grave. 38

forget Old love will not be forgotten. 82

four Four eyes see more than two. 28

fox The sleeping fox catches no poultry. 104

french He's taken French leave. 42

friend Tell me who your friends are and I'll tell you what
            you are. 109

fry Never fry a fish till it's caught. 72

garment The garment makes the man. 29

give It is more blessed to give than to receive. 56

give Silence gives consent. 103

go All are not saints that go to church. 1

go A shoemaker's wife goes bare-foot. 102

god God made the country and man made the town. 30

golden Speech is silver, but silence is golden. 105

good A good horse should seldom be spurred. 31

good No news is good news. 78

good One good turn deserves another. 85

grave He has one foot in the grave. 38

habit Habit is almost second nature. 33

half Well begun, is half done. 119

hand A cold hand and a warm heart. 20

happy Call no man happy till he dies. 15

haste Haste makes waste. 34

haste More haste less speed. 71

hay Let's make hay while the sun shines. 66

head Over head and ears in debt. 92

heal Physician, heal thyself. 94

health Health is better than wealth. 35

hear None so deaf as those who won't hear. 81

hear The child says nothing, but what he heard at the fireplace. 19

heart A cold hand and a warm heart. 20

heaven Better go to heaven in rags than hell in embroidery. 10

hedge Love your neighbour, yet don't pull down your hedge. 65

hell Better go to heaven in rags than hell in embroidery. 10

hen Better an egg today than a hen tomorrow. 8

home Charity begins at home. 18

honesty Honesty is the best policy. 49

horse A good horse should seldom be spurred. 31

hot Strike while the iron is hot. 106

house The house shows the owner. 50

hunger Hunger is the best sauce. 51

ill By doing nothing we do ill. 14

iron Strike while the iron is hot. 106

juice He'll stew in his own juice. 36

jump When poverty comes in at the door, love jumps out of the window. 122

kill Care killed the cat. 16

king A cat may look at a king. 17

know He who travels far knows much. 48

late Better late than never. 11

late When a thing is done, advice comes too late. 120

lead He's leading me by my nose. 39

leap Look before you leap. 63

learn Never too old to learn. 75

least Who talks most does least. 126

leave (noun) He's taken French leave. 42

leave (verb) Rats leave a sinking ship. 97

liberty He that marries for wealth sells his liberty. 45

lie As you make your bed, so you must lie on it. 4

lie He that lies down with dogs must rise up with fleas. 44

lie Let sleeping dogs lie. 58

life Life is short, but art lives on. 59

limit There is a limit to one's patience. 111

linen One should not wash one's dirty linen in public. 86

little Ask much to have a little. 5

live Live not to eat, but eat to live. 62

log Roll my log, and I'll roll yours. 99

look A cat may look at a king. 17

look Look before you leap. 63

love (noun) Old love will not be forgotten. 82

love (noun) When poverty comes in at the door, love jumps out of the window. 122

love (verb) Love me, love my dog. 64

love (verb) Love your neighbour, yet don't pull down your hedge. 65

maid Like mistress, like maid. 61

make As you make your bed, so you must lie on it. 4

make The garment makes the man. 29

make Let's make hay while the sun shines. 66

make Omelets are not made without breaking eggs. 84

make One swallow does not make a summer. 88

make Opportunity makes the thief. 89

make Practice makes perfect. 95

man Call no man happy till he dies. 15

man The garment makes the man. 29

man God made the country and man made the town. 30

man If you wish good advice, consult an old man. 53

man Never rob naked men. 74

man Old men are twice children. 83

man Patient men win the day. 93

manner Other times, other manners. 90

marry He that marries for wealth sells his liberty. 45

marry Who marries does well, who marries not does better. 125

master Fire and water are good servants, but bad masters. 25

mind Out of sight, out of mind. 91

mistake Mistakes are often the best teachers. 67

mistress Like mistress, like maid. 61

money A fool and his money are soon parted. 27

money Money draws money. 68

money Money is the root of all evil. 69

162

money Money opens all doors. 70

most Who talks most does least. 126

mother Like father, like son; like mother, like daughter. 60

mother Night is mother of counsel. 77

mouse When the cat is away the mice will play. 123

much Ask much to have a little. 5

naked Never rob naked men. 74

nature Habit is almost second nature. 33

needle He's on pins and needles. 40

neighbour Love your neighbour, yet don't pull down your hedge. 65

never Better late than never. 11

never Never rob naked men. 74

never Never too old to learn. 75

new A new broom sweeps clean. 76

news No news is good news. 78

night Night is mother of counsel. 77

nose He's leading me by my nose. 39

nothing By doing nothing we do ill. 14

nothing The child says nothing, but what he heard at the fireplace. 19

nothing There is nothing said which has not been said before. 112

odious Comparisons are odious. 21

old If you wish good advice, consult an old man. 53

old Never too old to learn. 75

old Old love will not be forgotten. 82

old Old men are twice children. 83

old Remove an old tree, and it will wither to death. 98

omelet Omelets are not made without breaking eggs. 84

open Money opens all doors. 70

opportunity Opportunity makes the thief. 89

today Never put off till tomorrow what may be done today. 73

tomorrow Better an egg today than a hen tomorrow. 8

tomorrow Never put off till tomorrow what may be done today. 73

tooth He's armed to the teeth! 37

town God made the country and man made the town. 30

travel He who travels far knows much. 48

tree Remove an old tree, and it will wither to death. 98

truth In wine there is truth. 55

turn One good turn deserves another. 85

twice Old men are twice children. 83

two Four eyes see more than two. 28

union Union is strength. 116

variety The great source of pleasure is variety. 32

wall Walls have ears. 117

want He that buys what he does not want, must often sell what he does want. 43

war If you wish for peace, be prepared for war. 52

warm A cold hand and a warm heart. 20

wash One should not wash one's dirty linen in public. 86

waste Haste makes waste. 34

water Fire and water are good servants, but bad masters. 25

way Where there's a will, there's a way. 124

wealth Health is better than wealth. 35

wealth He that marries for wealth sells his liberty. 45

welcome Those who bring are always welcome. 114

well All's well that ends well. 2

well Well begun, is half done. 119

well Who marries does well, who marries not does better. 125

wife A shoemaker's wife goes bare-foot. 102

will Where there's a will, there's a way. 124

win Patient men win the day. 93

window When poverty comes in at the door, love jumps out
of the window. 122

wine In wine there is truth. 55

wish If you wish for peace, be prepared for war. 52

wither Remove an old tree, and it will wither to death. 98

wolf A wolf in sheep's clothing. 127

work As the work, so the pay. 3

world We must take the world as we find it. 118

Deutsch

Dreiste Hunde, die bellen, beißen nicht. 126

Ehre Besser arm in Ehren als reich in Schanden. 10

ehrlich Ehrlich währt am längsten. 49

Eifer Blinder Eifer schadet nur. 34

Eile Eile mit Weile. 71

Einigkeit Einigkeit macht stark. 116

einreißen Liebe deinen Nachbarn, aber reiß den Zaun nicht ein. 65

Eisen Man muss das Eisen schmieden, solange es heiß ist. 106

empfehlen (sich) Er hat sich auf französisch empfohlen. 42

Ende Ende gut, alles gut. 2

entschuldigen (sich) Wer sich entschuldigt, klagt sich an. 46

erlegen Verkaufe nie die Haut des Bären, bevor du ihn erlegt hast. 54

ernten Die einen säen, und die anderen ernten. 87

essen Man lebt nicht, um zu essen, man isst, um zu leben. 62

fallen Wo gehobelt wird, da fallen Späne. 84

Faule Hunde, die bellen, beißen nicht. 126

Fehler Aus Fehlern lernt man. 67

Fenster Wenn die Not an die Tür klopft, springt die Liebe aus dem Fenster. 122

Feuer Feuer und Wasser sind zwei gute Diener, aber zwei schlimme Herren. 25

finden Wer sucht, der findet. 47

Fisch Besser ein kleiner Fisch als gar nichts auf dem Tisch. 9

Fisch Ungefangene Fische kann man nicht braten. 72

Fleisch Gewohnheiten gehen in Fleisch und Blut über. 33

Fleiß Ohne Fleiß kein Preis. 104

Floh Er hat mir einen Floh ins Ohr gesetzt. 41

Nachricht Keine Nachricht, gute Nachricht. 78

nackt Einem nackten Mann kann man nicht in die Tasche greifen. 74

Narr Ein Narr und sein Geld sind nicht lange Freund' in der Welt. 27

Nase Er führt mich an der Nase herum. 39

Natur Gott schuf die Natur, der Mensch die Städte. 30

nehmen Geben ist seliger als nehmen. 56

nehmen Wer die Kirschen will, muss auch die Steine nehmen. 64

nehmen Man muss die Menschen nehmen, wie sie sind. 118

nichts Besser ein kleiner Fisch als gar nichts auf dem Tisch. 9

nie Lieber spät als nie. 11

Not Wenn die Not an die Tür klopft, springt die Liebe aus dem Fenster. 122

Notwendiges Wer Unnötiges kauft, muss bald Notwendiges verkaufen. 43

Öffentlichkeit Schmutzige Wäsche wäscht man nicht in der Öffentlichkeit. 86

Ohr Er hat mir einen Floh ins Ohr gesetzt. 41

Ohr Wände haben Ohren. 117

Pferd Ein williges Pferd soll man nicht spornen. 31

preisen Keiner ist vor seinem Tod glücklich zu preisen. 15

Rat Die Ansicht eines Weisen und den Rat eines Greisen soll man nicht von sich weisen. 53

Rat Kommt Zeit, kommt Rat. 77

Rat Rat nach der Tat kommt zu spät. 120

Ratte Die Ratten verlassen das sinkende Schiff. 97

reden Reden ist Silber, Schweigen ist Gold. 105

reden Reden hat seine Zeit, und Schweigen hat seine Zeit. 113

Regen Im Regen ist schlecht heuen. 66

regieren Geld regiert die Welt. 70

Français

accuser (s') Qui s'excuse, s'accuse. 46

acheter Qui achète ce dont il n'a pas besoin devra vendre ce qu'il ne voudrait pas. 43

affaire Les affaires sont les affaires. 13

âgé Pour un conseil écoute l'homme âgé. 53

agir Quand tu seras à Rome, agis comme les Romains. 121

agneau Le loup qui s'est fait agneau. 127

aimer Qui m'aime, aime mon chien. 64

aimer Aimez votre voisin, mais ne coupez pas votre haie. 65

aller Il faut laisser aller le monde comme il va. 118

amour On revient toujours à ses premières amours. 82

amour Quand la pauvreté frappe à la porte, l'amour s'en va par la fenêtre. 122

anglais Il a filé à l'anglaise. 42

appeler L'argent appelle l'argent. 68

appétit Il n'est sauce que d'appétit. 51

apporter Bienvenu qui apporte. 114

apprendre C'est en faisant des fautes qu'on apprend. 67

apprendre On n'est jamais trop vieux pour apprendre. 75

arbre Le vieil arbre transplanté meurt. 98

argent Le fou et son argent sont bientôt séparés. 27

argent En épousant sa femme pour son argent, il a vendu sa liberté. 45

argent L'argent appelle l'argent. 68

argent L'argent ouvre toutes les portes. 70

argent La parole est d'argent, le silence est d'or. 105

armer Il est armé de pied en cap. 37

183

arriver Premier arrivé, premier servi. **26**

art La vie passe, l'art demeure. **59**

assembler (s') Qui se ressemble s'assemble. **12**

aujourd'hui Ne remets jamais à demain ce que tu peux faire aujourd'hui. **73**

aujourd'hui Mieux vaut un oeuf aujourd'hui qu'une poule demain. **8**

autre Un service en vaut un autre. **85**

autre Autres temps, autres moeurs. **90**

avarice L'avarice est la source de tous les maux. **69**

aveugle Il n'est pire aveugle que celui qui ne veut pas voir. **80**

avoir Demande beaucoup pour avoir un peu. **5**

avoir raison Comparaison n'est pas raison. **21**

balai Rien ne vaut un balai neuf. **76**

balayer Que chacun balaie devant sa porte. **107**

battre On ne se bat pas pour un os. **57**

battre Il faut battre le fer pendant qu'il est chaud. **106**

beaucoup Demande beaucoup pour avoir un peu. **5**

beauté La beauté est éphémère. **6**

besoin Bon cheval n'a pas besoin d'éperon. **31**

besoin Qui achète ce dont il n'a pas besoin devra vendre ce qu'il ne voudrait pas. **43**

bien Tout est bien qui finit bien. **2**

bienvenu Bienvenu qui apporte. **114**

blanchir Les soucis font blanchir les cheveux de bonne heure. **16**

blé Récolte le blé quand il est mûr. **66**

bon Bon cheval n'a pas besoin d'éperon. **31**

bon Pas de nouvelles, bonnes nouvelles. **78**

bonheur Il y a plus de bonheur à donner qu'à recevoir. **56**

bout Il me mène par le bout du nez. **39**

bout La patience vient à bout de tout. **93**

devoir Qui achète ce dont il n'a pas besoin devra vendre ce qu'il ne voudrait pas. 43

dieu Dieu fit la campagne, l'homme fit la ville. 30

dire Qui ne dit mot, consent. 103

dire Dis-moi qui tu hantes et je te dirai qui tu es. 109

dire Tout a déjà été dit. 112

diseur Les grands diseurs ne sont pas les grands faiseurs. 126

diversité Diversité réjouit. 32

donner Il y a plus de bonheur à donner qu'à recevoir. 56

dormir Il ne faut pas réveiller le chat qui dort. 58

eau Le feu et l'eau sont bons serviteurs mais mauvais maîtres. 25

écouter Pour un conseil écoute l'homme âgé. 53

église Tous ceux qui vont à l'église ne sont pas des saints. 1

endormir A renard endormi rien ne tombe dans la gueule. 104

enfant Ce que l'enfant entend au foyer est bientôt connu jusqu'au moustier. 19

enfant Vieillir c'est redevenir enfant. 83

enfer Mieux vaut aller au paradis en haillons qu'en enfer en habit de dentelle. 10

engendrer La familiarité engendre le mépris. 24

entendre Ce que l'enfant entend au foyer est bientôt connu jusqu'au moustier. 19

entendre Il n'est pire sourd que celui qui ne veut pas entendre. 81

éperon Bon cheval n'a pas besoin d'éperon. 31

éphémère La beauté est éphémère. 6

épine Il est sur des épines. 40

épine Il n'y a pas de roses sans épines. 79

épouser En épousant sa femme pour son argent, il a vendu sa liberté. 45

évêque Un chien regarde bien un évêque. 17

feu Le feu et l'eau sont bons serviteurs mais mauvais maîtres. 25

filer Il a filé à l'anglaise. 42

fille Tel père, tel fils; telle mère, telle fille. 60

fils Tel père, tel fils; telle mère, telle fille. 60

finir Tout est bien qui finit bien. 2

fois Il faut y regarder à deux fois avant de sauter. 63

force L'union fait la force. 116

forger C'est en forgeant qu'on devient forgeron. 95

forgeron C'est en forgeant qu'on devient forgeron. 95

fou Le fou et son argent sont bientôt séparés. 27

foyer Ce que l'enfant entend au foyer est bientôt connu jusqu'au moustier. 19

frapper Quand la pauvreté frappe à la porte, l'amour s'en va par la fenêtre. 122

froid A main froide, coeur chaud. 20

galeux Chaque troupeau a sa brebis galeuse. 110

gâter Trop de cuisiniers gâtent le potage. 115

goût Chacun ses goûts. 108

grand Il a les yeux plus grands que le ventre. 23

grive Faute de grives, on mange des merles. 9

guérir Médecin, guéris-toi toi-même. 94

guérir Prévenir vaut mieux que guérir. 96

guerre Si tu veux la paix, prépare la guerre. 52

gueule A renard endormi rien ne tombe dans la gueule. 104

guide L'honnêteté est le meilleur des guides. 49

habit Mieux vaut aller au paradis en haillons qu'en enfer en habit de dentelle. 10

habit L'habit fait l'homme. 29

habitude L'habitude est une seconde nature. 33

haie Aimez votre voisin, mais ne coupez pas votre haie. 65

haillons Mieux vaut aller au paradis en haillons qu'en enfer en habit de dentelle. 10

hanter Dis-moi qui tu hantes et je te dirai qui tu es. 109

hâte Trop grande hâte est cause de retard. 71

heureux Nul avant sa mort ne peut être dit heureux. 15

hirondelle Une hirondelle ne fait pas le printemps. 88

homme L'habit fait l'homme. 29

homme Dieu fit la campagne, l'homme fit la ville. 30

homme Pour un conseil écoute l'homme âgé. 53

homme On ne peut pas voler un homme nu. 74

honnêteté L'honnêteté est le meilleur des guides. 49

idée La deuxième idée est la meilleure. 100

instruire (s') On s'instruit en voyageant. 48

jamais Mieux vaut tard que jamais. 11

jamais Ne remets jamais à demain ce que tu peux faire aujourd'hui. 73

jamais On n'est jamais trop vieux pour apprendre. 75

jus Il cuit dans son jus. 36

laisser Il faut laisser aller le monde comme il va. 118

larron L'occasion fait le larron. 89

laver Il faut laver son linge sale en famille. 86

lever (se) Qui se couche avec des chiens se lève avec des puces. 44

liberté En épousant sa femme pour son argent, il a vendu sa liberté. 45

lièvre Pour faire un civet, il faut tuer un lièvre. 72

limite La patience a des limites. 111

linge Il faut laver son linge sale en famille. 86

lit Comme on fait son lit, on se couche. 4

loin Loin des yeux, loin du coeur. 91

louer Chacun loue son oeuvre. 22

loup Le loup qui s'est fait agneau. 127

main A main froide, coeur chaud. 20

maison La maison fait connaître le maître. 50

maître Le feu et l'eau sont bons serviteurs mais mauvais maîtres. **25**

maître La maison fait connaître le maître. **50**

mal (adv.) Qui ne fait rien fait mal. **14**

mal (adv.) Les cordonniers sont toujours les plus mal chaussés. **102**

mal (subst.) L'avarice est la source de tous les maux. **69**

manger Faute de grives, on mange des merles. **9**

manger Il faut manger pour vivre et non pas vivre pour manger. **62**

marier (se) Celui qui se marie fait bien, celui qui ne se marie pas fait mieux. **125**

mauvais Mieux vaut être seul qu'en mauvaise compagnie. **7**

mauvais Le feu et l'eau sont bons serviteurs mais mauvais maîtres. **25**

médecin Médecin, guéris-toi toi-même. **94**

meilleur L'honnêteté est le meilleur des guides. **49**

meilleur La deuxième idée est la meilleure. **100**

mener Il me mène par le bout du nez. **39**

mépris La familiarité engendre le mépris. **24**

mère Tel père, tel fils; telle mère, telle fille. **60**

merle Faute de grives, on mange des merles. **9**

mettre Il m'a mis la puce à l'oreille. **41**

moeurs Autres temps, autres moeurs. **90**

moitié Un travail bien commencé est déjà à moitié fait. **119**

monde Il faut laisser aller le monde comme il va. **118**

mort Nul avant sa mort ne peut être dit heureux. **15**

mot Qui ne dit mot, consent. **103**

mourir Le vieil arbre transplanté meurt. **98**

moustier Ce que l'enfant entend au foyer est bientôt connu jusqu'au moustier. **19**

mur Les murs ont des oreilles. **117**

mûr Récolte le blé quand il est mûr. **66**

prévenir Prévenir vaut mieux que guérir. 96

printemps Une hirondelle ne fait pas le printemps. 88

puce Il m'a mis la puce à l'oreille. 41

puce Qui se couche avec des chiens se lève avec des
puces. 44

quatre Quatre yeux voient mieux que deux. 28

quitter Les rats quittent le navire qui coule. 97

rat Les rats quittent le navire qui coule. 97

recevoir Il y a plus de bonheur à donner qu'à recevoir. 56

récolter Récolte le blé quand il est mûr. 66

récolter L'un sème, l'autre récolte. 87

redevenir Vieillir c'est redevenir enfant. 83

regarder Un chien regarde bien un évêque. 17

regarder Il faut y regarder à deux fois avant de sauter. 63

réjouir Diversité réjouit. 32

remettre Ne remets jamais à demain ce que tu peux faire
aujourd'hui. 73

renard A renard endormi rien ne tombe dans la gueule. 104

ressembler (se) Qui se ressemble s'assemble. 12

retard Trop grande hâte est cause de retard. 71

réveiller Il ne faut pas réveiller le chat qui dort. 58

revenir On revient toujours à ses premières amours. 82

richesse Santé passe richesse. 35

rien Qui ne fait rien fait mal. 14

rien Rien ne vaut un balai neuf. 76

rien A renard endormi rien ne tombe dans la gueule. 104

romain Quand tu seras à Rome, agis comme les
Romains. 121

Rome Quand tu seras à Rome, agis comme les
Romains. 121

rose Il n'y a pas de roses sans épines. 79

saint Tous ceux qui vont à l'église ne sont pas des saints. 1

salaire Tel travail, tel salaire. 3

sale Il faut laver son linge sale en famille. 86

santé Santé passe richesse. 35

sauce Il n'est sauce que d'appétit. 51

sauter Il faut y regarder à deux fois avant de sauter. 63

second L'habitude est une seconde nature. 33

semer L'un sème, l'autre récolte. 87

séné Passez-moi la casse, je vous passerai le séné. 99

séparer Le fou et son argent sont bientôt séparés. 27

service Un service en vaut un autre. 85

servir Premier arrivé, premier servi. 26

serviteur Le feu et l'eau sont bons serviteurs mais mauvais maîtres. 25

seul Mieux vaut être seul qu'en mauvaise compagnie. 7

silence La parole est d'argent, le silence est d'or. 105

souci Les soucis font blanchir les cheveux de bonne heure. 16

sourd Il n'est pire sourd que celui qui ne veut pas entendre. 81

souris Quand le chat n'est pas là, les souris dansent. 123

taire (se) Il y a un temps pour parler et un temps pour se taire. 113

tard Mieux vaut tard que jamais. 11

temps Autres temps, autres moeurs. 90

temps Il y a un temps pour parler et un temps pour se taire. 113

tête Il a des dettes par-dessus la tête. 92

tombe Il a un pied dans la tombe. 38

tomber A renard endormi rien ne tombe dans la gueule. 104

tout Il y a un temps pour parler et un temps pour se taire. 113

transplanter Le vieil arbre transplanté meurt. 98

travail Tel travail, tel salaire. 3

Español

abandonar Las ratas abandonan el barco que se hunde. 97

abrir El dinero abre todas las puertas. 70

acabar Bien está lo que bien acaba. 2

acabar Nadie se alabe hasta que acabe. 15

acabar Quien bien empieza, bien acaba. 119

acertar El errar es maestro del acertar. 67

acompañado Mejor solo que mal acompañado. 7

acostar (se) Quien con perros se acuesta, con pulgas se
        levanta. 44

acusar (se) Quien se excusa, se acusa. 46

agarrar Me tiene agarrado por las narices. 39

agua El fuego y el agua son buenos servidores pero ruines
        amos. 25

alabar Nadie se alabe hasta que acabe. 15

alabar Cada ollero su olla alaba. 22

alcanzar Con la paciencia todo se alcanza. 93

amar Ama tu vecino pero no deshagas tu seto. 65

amo El fuego y el agua son buenos servidores pero ruines
        amos. 25

amor El primer amor es el último en olvidarse. 82

amor Cuando el hambre entra por la puerta, el amor huye
        por la ventana. 122

andar Dime con quien andas y te diré quien eres. 109

aprender Nunca es tarde para aprender. 75

apresurar Quien se apura, su muerte apresura. 16

aprisa Cosa hecha aprisa, cosa de risa. 34

apurar (se) Quien se apura, su muerte apresura. 16

200

espuela Caballo que vuela, no quiere espuelas. 31

estudiar No todos los que estudian son letrados. 1

excusar (se) Quien se excusa, se acusa. 46

falta A falta de pan, buenas son tortas. 9

familiaridad La familiaridad es causa de menosprecio. 24

favor Un favor se paga con otro. 85

francesa Se despide a la francesa. 42

fria Manos frías, corazón caliente. 20

fuego El fuego y el agua son buenos servidores pero ruines amos. 25

fuerza La unión hace la fuerza. 116

ganar Desnudo nací, desnudo me hallo, ni pierdo ni gano. 74

gato No hay que buscar tres pies al gato. 58

gato Cuando el gato no está, los ratones bailan. 123

gente Viajando se instruye la gente. 48

golondrina Una golondrina no hace verano. 88

grano No le llames grano hasta que no esté encerrado. 72

gritar En casa de mujer rica, ella manda y ella grita. 45

guerra Si quieres la paz, prepárate para la guerra. 52

gusto En la variedad está el gusto. 32

gusto Sobre gustos no hay nada escrito. 108

hábito El hábito no hace al monje. 29

hablar Hay un tiempo para hablar y un tiempo para callar. 113

hacer Quien mala cama hace, en ella yace. 4

hacer No dejes para mañana lo que puedas hacer hoy. 73

hacer No se hacen tortillas sin huevos. 84

hacer Una golondrina no hace verano. 88

hacer La ocasión hace al ladrón. 89

hacer El ejercicio hace al maestro. 95

hacer La unión hace la fuerza. 116

ladrón La ocasión hace al ladrón. 89

largo El arte es largo y la vida breve. 59

lavar Los trapos sucios se lavan en casa. 86

letrado No todos los que estudian son letrados. 1

levantar (se) Quien con perros se acuesta, con pulgas se levanta. 44

limite La paciencia tiene un límite. 111

llamar Dinero llama a dinero. 68

llamar No le llames grano hasta que no esté encerrado. 72

llenar Se llena antes el papo que el ojo. 23

lobo Un lobo con piel de oveja. 127

maestro El errar es maestro del acertar. 67

maestro El ejercicio hace al maestro. 95

mal (adverbio) Mejor solo que mal acompañado. 7

male (sustantivo) El ocio es el padre del vicio. 14

male (sustantivo) La avaricia es la raíz de todos los males. 69

mañana Mejor es huevo hoy que pollo mañana. 8

mañana No dejes para mañana lo que puedas hacer hoy. 73

mañana Hoy por tí, mañana por mí. 99

mandar En casa de mujer rica, ella manda y ella grita. 45

mano Manos frías, corazón caliente. 20

más vale Más vale honra sin barcos que barcos sin honra. 10

más vale Más vale tarde que nunca. 11

más vale Más vale prevenir que curar. 96

médico Médico, cúrate a ti mismo. 94

medrar Viejas plantas traspuestas, ni crecen ni medran. 98

mejor Los segundos pensamientos son los mejores. 100

menosprecio La familiaridad es causa de menosprecio. 24

mirar El perro puede mirar al rey. 17

mirar Mirar antes de saltar. 63

Italiano

abbandonare I topi abbandonano la nave che affonda. 97

abito L'abito fa il monaco. 29

abitudine L'abitudine è una seconda natura. 33

accompagnato Meglio soli che male accompagnati. 7

acconsentire Chi tace, acconsente. 103

accusare (-rsi) Chi si scusa, si accusa. 46

acqua Il fuoco e l'acqua son buoni servitori, ma cattivi
      padroni. 25

affare Gli affari sono affari. 13

affare Non ficcare il naso negli affari altrui. 107

affondare I topi abbandonano la nave che affonda. 97

agire Chi parla molto, agisce poco. 126

agnello Un lupo travestito da agnello. 127

albero Trapianta un albero vecchio, e lo vedrai morire. 98

alloggiare Chi tardi arriva, male alloggia. 26

altro Altri tempi, altri costumi. 90

altrui Non ficcare il naso negli affari altrui. 107

amare Chi ama me, ama il mio cane. 64

amore Il primo amore non si scorda mai. 82

amore Quando la fame entra dalla porta, l'amore se ne va
      dalla finestra. 122

andare (-rsene) Non son tutti santi quelli che vanno in
      chiesa. 1

andare (-rsene) Se n'è andato all'inglese. 42

andare (-rsene) Dimmi con chi vai, e ti dirò chi sei. 109

andare (-rsene) Quando la fame entra dalla porta, l'amore
      se ne va dalla finestra. 122

gatto Anche un gatto può guardare un re. 17

già Non c'è niente che non sia già stato detto. 112

gioia Si prova più gioia a dare che a ricevere. 56

grande Ha gli occhi più grandi della bocca. 23

gregge In ogni gregge c'è una pecora nera. 110

guardare Anche un gatto può guardare un re. 17

guerra Chi vuol la pace, apparecchi la guerra. 52

gusto Ognuno ha i suoi gusti. 108

idea La seconda idea è sempre la migliore. 100

imparare Sbagliando s'impara. 67

imparare Non si è mai troppo vecchi per imparare. 75

inglese Se n'è andato all'inglese. 42

inimicizia Vicinanza senza siepe porta inimicizia in casa. 65

istruire (-rsi) Chi viaggia, si istruisce. 48

ladro Cento ladri non possono spogliare un uomo
nudo. 74

lavare I panni sporchi si lavano in casa. 86

lavaro Tale il lavoro, tale il salario. 3

letto Come uno si fa il letto, così dorme. 4

letto Chi va a letto con i cani, si leva con le pulci. 44

levare (-rsi) Chi va a letto con i cani, si leva con le pulci. 44

libertà Dove entra dote, esce libertà. 45

limite Anche la pazienza ha un limite. 111

litigare Non val la pena di litigare per un osso. 57

lodare Ognuno loda il suo operato. 22

lontano Lontano dagli occhi, lontano dal cuore. 91

lungo La vita è breve, l'arte è lunga. 59

lupo Un lupo travestito da agnello. 127

madre Tale il padre, tale il figlio; tale la madre, tale la
figlia. 60

maestro È con l'esercizio che si diventa maestri. 95

mai Meglio tardi che mai. 11

nessuno Nessuno può dirsi felice a questo mondo. 15

niente Meglio poco che niente. 9

niente Non c'è niente che non sia già stato detto. 112

notte La notte porta consiglio. 77

nudo Cento ladri non possono spogliare un uomo nudo. 74

nuocere Troppa fretta nuoce. 34

nuova (nome) Nessuna nuova, buona nuova. 78

nuovo (agg.) Scopa nuova scopa bene. 76

occasione L'occasione fa l'uomo ladro. 89

occhio Ha gli occhi più grandi della bocca. 23

occhio Quattro occhi vedono più di due. 28

occhio Lontano dagli occhi, lontano dal cuore. 91

occhio Quel che l'occhio vede, il cuore crede. 101

odioso I confronti sono odiosi. 21

oggi Meglio un uovo oggi che una gallina domani. 8

oggi Non rimandare a domani quel che potresti fare oggi. 73

ognuno Ognuno loda il suo operato. 22

ognuno Ognuno ha i suoi gusti. 108

onestà L'onestà è la miglior moneta. 49

onorato Meglio povertà onorata che ricchezza svergognata. 10

op(e)ra Chi ben comincia, è a metà dell'opra. 119

operato Ognuno loda il suo operato. 22

orecchio Mi ha messo la pulce nell'orecchio. 41

orecchio I muri hanno orecchi. 117

oro La parola è d'argento, il silenzio è d'oro. 105

orso Non vendere la pelle dell'orso prima d'averlo preso. 54

osso Non val la pena di litigare per un osso. 57

ottenere Con la pazienza si ottiene tutto. 93

ozio L'ozio è il padre dei vizi. 14

spogliare Cento ladri non possono spogliare un uomo nudo. 74

sporco I panni sporchi si lavano in casa. 86

sposare (-rsi) Chi si sposa fa bene, chi non si sposa fa meglio. 125

sprone Caval che corre non ha bisogno di sprone. 31

superfluo Chi compra il superfluo, venderà il necessario. 43

svegliare Non svegliare il can che dorme. 58

svergognato Meglio povertà onorata che ricchezza svergognata. 10

tacere Chi tace, acconsente. 103

tacere C'è un tempo per parlare e un tempo per tacere. 113

tale... tale... Tale il lavoro, tale il salario. 3

tale... tale... Tale il padre, tale il figlio; tale la madre, tale la figlia. 60

tale... tale... Tale la padrona, tale la serva. 61

tardi Meglio tardi che mai. 11

tardi Chi tardi arriva, male alloggia. 26

te Io dò una mano a te, tu dai una mano a me. 99

tempo Altri tempi, altri costumi. 90

tempo C'è un tempo per parlare e un tempo per tacere. 113

togliere Troppa confidenza toglie riverenza. 24

topo I topi abbandonano la nave che affonda. 97

topo Quando non c'è il gatto, i topi ballano. 123

trapiantare Trapianta un albero vecchio, e lo vedrai morire. 98

travestito Un lupo travestito da agnello. 127

trovare Chi cerca, trova. 47

unione L'unione fa la forza. 116

uomo Dio fece la campagna, l'uomo fece la città. 30

uomo Cento ladri non possono spogliare un uomo nudo. 74

Paheli

Once upon a time in mumbai

Saturday = ~~what about us~~

~~you got what I need~~

~~Dumb~~

~~Charlie Brown~~ : ~~on my way~~